NOUVEL ALPHABET
DES
COMMENÇANTS
A L'USAGE DES ÉCOLES

PARIS

J. MORONVAL, IMPRIMEUR-LIBRAIRE

65, rue Galande.

NOUVEL ALPHABET DES COMMENÇANTS

A L'USAGE DES ÉCOLES

PARIS
J. MORONVAL, IMPRIMEUR-LIBRAIRE
65, rue Galande.

— 3 —

MAJUSCULE

A B C D E
F G H I J
K L M N O
P Q R S T
U V X Y Z

MINUSCULES

a b c d e
f g h i j
k l m n o
p q r s t
u v x y z

GOTHIQUES

a b c d e
f g h i j
k l m n o
p q r s t
u v x y z

ANGLAISES

A B C D E

F G H I J

K L M N O

P Q R S T

U V X Y Z

VOYELLES.

a   e   i   *ou*   y   o   u

SYLLABES.

ba   be   bi   bo   bu
ca   ce   ci   co   cu
da   de   di   do   du
fa   fe   fi   fo   fu
ga   ge   gi   go   gu
ha   he   hi   ho   hu
ja   je   ji   jo   ju
ka   ke   ki   ko   ku

la	le	li	lo	lu
ma	me	mi	mo	mu
na	ne	ni	no	nu
pa	pe	pi	po	pu
qua	que	qui	quo	quu
ra	re	ri	ro	ru
sa	se	si	so	su
ta	te	ti	to	tu
va	ve	vi	vo	vu
xa	xe	xi	xo	xu
za	ze	zi	zo	zu

MOTS QUI N'ONT QU'UN SON OU QU'UNE SYLLABE.

Pain	Vin
Chat	Rat
Four	Blé
Trop	Moins
Art	Eau
Marc	Veau
Champ	Pré
Vent	Dent
Vert	Rond
Mort	Corps

MOTS A DEUX SONS, OU DEUX SYLLABES A ÉPELER.

Pa-pa	Cou-teau
Ma-man	Cor-don
Bal-lon	Cor-beau
Bal-le	Cha-meau
Bou-le	Tau-reau
Chai-se	Oi-seau
Poi-re	Ton-neau
Pom-me	Mou-ton
Cou-sin	Ver-tu
Gâ-teau	Vi-ce

MOTS A TROIS SONS, OU TROIS SYLLABES A ÉPELER.

Or-phe-lin
Scor-pi-on
Ou-vra-ge
Com-pli-ment
Nou-veau-té
Cou-tu-me
Mou-ve-ment
His-toi-re
Li-ber-té
Li-ma-çon

A-pô-tre
Vo-lail-le
Ci-trouil-le
Mé-moi-re
Car-na-ge
Ins-tru-ment
Su-a-ve
Fram-boi-se
Gui-mau-ve
U-sa-ge

MOTS A QUATRE SONS, OU QUATRE SYLLABES A ÉPELER.

É-ga-le-ment
Phi-lo-so-phe
Pa-ti-en-ce
O-pi-ni-on
Con-clu-si-on
Zo-dia-que
É-pi-lep-sie
Co-quil-la-ge
Di-a-lo-gue
Eu-cha-ris-tie

MOTS A CINQ SONS, OU CINQ SYLLABES A ÉPELER.

Na-tu-rel-le-ment
Cor-di-a-li-té

Ir-ré-sis-ti-ble
Cou-ra-geu-se-ment
In-con-vé-ni-ent
A-ca-ri-â-tre
In-do-ci-li-té
In-can-des-cen-ce
Ad-mi-ra-ble-ment
Cu-ri-o-si-té
In-ex-o-ra-ble

MOTS A SIX SONS, OU SIX SYLLABES A ÉPELER.

In-con-si-dé-ré-ment
Per-fec-ti-bi-li-té
O-ri-gi-na-li-té
Ma-li-ci-eu-se-ment
As-so-cia-ti-on
Va-lé-tu-di-nai-re

PHRASES A ÉPELER, divisées par SYLLABES.

J'ai-me bien pa-pa.
Je ché-ris ma-man.
Grand-pa-pa me don-ne-ra des i-ma-ges.
Mon frè-re est à la pro-me-na-de.
Ma sœur é-tu-die sa le-çon.
Si je suis bien sa-ge, je se-rai ré-com-pen-sé.
Ma-man est con-ten-te de moi, elle me con-dui-ra chez ma tan-te.

PHRASES A ÉPELER.

Il n'y a qu'un seul Dieu qui gou-ver-ne le ciel et la terre.

Ce Dieu ré-com-pen-se les bons et pu-nit les mé-chants.

Les en-fants qui ne sont pas o-bé-is-sants ne sont pas ai-més de Dieu, ni de leurs pa-pas et ma-mans.

Il faut fai-re l'au-mô-ne aux pau-vres, car on doit a-voir pi-tié de son sem-bla-ble.

Phrases à lire.

Le premier devoir des enfants doit être de remercier Dieu de tous ses bienfaits.

Les petits enfans seront bénis s'ils sont reconnaissants envers le bon Dieu. Ils doivent le prier chaque jour de conserver la santé de leurs parents.

Un enfant doit être poli.

Un enfant boudeur est haï de tout le monde.

Un enfant qui est honnête et qui a bon cœur est chéri de tous ceux qui le connaissent.

L'enfant sage est la joie de son père.

Le lion est le roi des animaux.

L'aigle est le roi des oiseaux.

La rose est la reine des fleurs.

L'or est le premier des métaux; il est le plus rare.

L'homme a cinq sens, ou cinq

manières d'apercevoir ou de sentir ce qui l'environne.

Il voit avec les yeux.

Il entend par les oreilles.

Il goûte avec la langue.

Il flaire ou respire les odeurs avec le nez.

Il touche avec tout le corps, et principalement avec les mains.

La baleine est le plus gros des poissons de la mer.

Le brochet est un poisson vorace, qui détruit les autres poissons des rivières.

Il y a quatre éléments sur notre globe, qui sont : l'air, la terre, l'eau et le feu.

Sans air, l'homme ne peut respirer.

Sans la terre, l'homme ne peut manger.

Sans eau, l'homme ne peut boire.

Sans feu, l'homme ne peut se chauffer.

La réunion de ces quatre éléments est donc nécessaire à l'homme pour vivre.

C'est l'air agité qui produit les

vents, qui cause les orages, les tempêtes, et qui est la source de mille phénomènes qui arrivent journellement dans l'atmosphère.

C'est la terre qui produit toutes les substances végétales dont l'homme se nourrit, ainsi que les animaux qui la couvrent; c'est au fond de la terre qu'on trouve le marbre, l'or, l'argent, le fer, et tous les autres métaux.

C'est dans l'eau, c'est-à-dire dans la mer, les fleuves, les rivières et les ruisseaux, qu'on pêche cette quantité prodigieuse de poissons de toutes grosseurs qui servent d'aliments à l'homme.

C'est le feu qui échauffe la terre, qui anime et vivifie toute la nature. C'est le feu qui nous éclaire dans les ténèbres.

Les fleurs sont la parure de la terre et l'ornement de nos demeures, qu'elles parfument de leurs odeurs agréables.

Les principales fleurs qui embellissent nos jardins et parfument, l'air sont l'œillet, la renoncule, la jonquille, la violette, le muguet, la tubéreuse, la giroflée, la pensée, l'iris, l'héliotrope, la marguerite, le jasmin, le lilas, l'anémone, l'hortensia, la tulipe, etc.

Les arbres sont l'ornement de la terre.

Les principaux arbres qui portent des fruits propres à la nourriture de l'homme sont le pommier, le poirier, le pêcher, l'abricotier, le prunier, le cerisier, le groseillier, le néflier, le cognassier, l'oranger, le citronnier, le noyer, etc.

Les arbres qui ne portent point

de fruits propres à la nourriture de l'homme servent à d'autres usages, et sont employés soit en bûches, soit en planches, soit d'autre manière, pour les besoins ou les agréments de la société.

Les principaux de ces arbres sont le chêne, l'orme, le peuplier, l'érable, le sapin, le pin, le buis, le saule, l'acacia, etc.

Les plantes que le Ciel a semées sur la surface de la terre se divisent en plantes potagères et en plantes médicinales.

Les principales plantes potagères sont : la carotte, le navet, le chou, le panais, les raves, le potiron, la laitue, le persil, la ciboule, le cerfeuil, les salsifis, le céleri, le poireau, les épinards, l'oseille, etc.

Les principales plantes médicinales sont : la bourrache, le chiendent la guimauve, la coriandre, la fumeterre, etc., etc.

PHRASES A LIRE.

Ne vous amusez point quand vous sortirez de l'école, et rentrez de suite à la maison.

Quand vous rentrerez chez vous ou ailleurs, n'oubliez pas de saluer.

Quand vous rencontrerez vos parents dans la rue ou quelqu'un que vous connaîtrez, saluez-les le premier.

Quand vous aurez emprunté quelque chose, n'oubliez

pas de le rendre sans vous le faire demander.

Mangez et buvez doucement sans avidité.

Ne sortez point de votre maison sans en avoir prévenu vos parents.

Lorsqu'un pauvre demande à votre porte ne le rebutez pas, mais prévenez vos parents.

Avant de vous coucher, il faut souhaiter le bonsoir à vos parents et aux personnes qui sont avec eux.

Ne vous endormez jamais sans avoir prié Dieu.

DIVISION DU TEMPS.

Cent ans font un siècle.

Dans un an il y a douze mois.

Dans un mois il y a trente jours.

Il faut trois cent soixante-cinq jours pour faire une année.

Il y a quatre semaines dans le mois. Chacune de ces semaines se compose de sept jours que l'on nomme : Lundi, Mardi, Mercredi, Jeudi, Vendredi, Samedi, Dimanche.

Les douze mois de l'année sont : Janvier, Février, Mars, Avril, Mai, Juin, Juillet, Août, Septembre, Octobre, Novembre, Décembre.

Il existe quatre saisons dans l'année, que l'on dénomme ainsi : le Printemps, qui commence au 22 Mars ; l'Eté, qui commence au 20 Juin ; l'Automne, qui commence au 21 Septembre ; et l'Hiver, qui commence au 22 Décembre.

LA BREBIS ET LE CHIEN.

La brebis et le chien, de tous les temps amis,
Se racontaient un jour leur vie infortunée.
Ah! disait la brebis, je pleure et je frémis
Quand je songe aux malheurs de notre destinée.
Toi, l'esclave de l'homme, adorant des ingrats,
  Toujours soumis, tendre et fidèle,
  Tu reçois, pour prix de ton zèle,
  Des coups et souvent le trépas.
  Moi qui tous les ans les habille,
Qui leur donne du lait et qui fume leurs champs
Je vois chaque matin quelqu'un de ma famille
  Assassiné par ces méchans.
Leurs confrères les loups dévorent ce qui reste.
  Victimes de ces inhumains,
Travailler pour eux seuls, et mourir par leurs mains,
 Voilà notre destin funeste !
Il est vrai, dit le chien : mais crois-tu plus heureux
  Les auteurs de notre misère ?
  Va, ma sœur, il vaut encor mieux
  Souffrir le mal que de le faire.

LES DEUX VOYAGEURS.

Le compère Thomas et son ami Lubin
Allaient à pied tous deux à la ville prochaine.
   Thomas trouve sur son chemin
   Une bourse de louis pleine ;
Il l'empoche aussitôt. Lubin, d'un air content,
   Lui dit : Pour nous, la bonne aubaine !

   Non, répond Thomas froidement,
Pour nous n'est pas bien dit, *pour toi* c'est différent.
Lubin ne souffle plus ; mais en quittant la plaine,
Ils trouvent des voleurs cachés au bois voisin.
   Thomas tremblant, et non sans cause,
Dit : Nous sommes perdus ! Non, lui répond Lubin,
Nous n'est pas le vrai mot ; mais *toi* c'est autre chose.

Cela dit, il s'échappe à travers les taillis.
Immobile de peur, Thomas est bientôt pris :
   Il tire la bourse et la donne.

Qui ne songe qu'à soi quand sa fortune est bonne
   Dans le malheur n'a point d'amis.

LE PHILOSOPHE ET LE CHAT-HUANT.

Persécuté, proscrit, chassé de son asile,
Pour avoir appelé les choses par leur nom,
Un pauvre philosophe errait de ville en ville,
Emportant avec lui tous ses biens, sa raison.
Un jour qu'il méditait sur le fruit de ses veilles,
C'était dans un grand bois, il voit un chat-huant
    Entouré de geais, de corneilles,
    Qui le harcelaient en criant :
    C'est un coquin, c'est un impie,
    Un ennemi de la patrie ;
Il faut le plumer vif : oui, oui, plumons, plumons,
    Ensuite nous le jugerons.
Et tous fondaient sur lui. La malheureuse bête
Tournant et retournant sa bonne et grosse tête,
Leur disait, mais en vain, d'excellentes raisons.
Touché de son malheur, car la philosophie
    Nous rend plus doux et plus humains,
Notre sage fait fuir la cohorte ennemie,
Puis dit au chat-huant : Pourquoi ces assassins
    En voulaient-ils à votre vie ?
    Que leur avez-vous fait ? L'oiseau lui répondit :
Rien du tout ; mon seul crime est d'y voir clair la nuit.

LE MIROIR DE LA VÉRITÉ.

Dans le beau siècle d'or, quand les premiers humains,
    Au milieu d'une paix profonde,
    Coulaient des jours purs et sereins,
    La Vérité courait le monde
    Avec son miroir dans les mains.
Chacun s'y regardait, et le miroir sincère
Retraçait à chacun son plus secret désir
    Sans jamais le faire rougir :
    Temps heureux, qui ne dura guère !
L'homme devint bientôt méchant et criminel.
    La Vérité s'enfuit au ciel
En jetant de dépit son miroir sur la terre.
    Le pauvre miroir se cassa.
Ses débris, qu'au hasard sa chute dispersa,
    Furent perdus pour le vulgaire.
Plusieurs siècles après on en connut le prix :
Et c'est depuis ce temps que l'on voit plus d'un sage
    Chercher avec soin ces débris,
Les retrouver parfois, mais ils sont si petits,
    Que personne n'en fait usage.

LA COQUETTE ET L'ABEILLE.

Chloé, jeune et jolie, et surtout fort coquette,
    Tous les matins, en se levant,
Se mettait au travail : j'entends à sa toilette ;
    Et là, souriant, minaudant,
   Elle disait à son cher confident
Les peines, les plaisirs, les projets de son âme.
Une abeille étourdie arrive en bourdonnant.
Au secours ! au secours ! crie aussitôt la dame :
Venez, Lise, Marton, accourez promptement;
Chassez ce monstre ailé. Le monstre insolemment
    Aux lèvres de Chloé se pose.
Chloé s'évanouit, et Marton en fureur
    Saisit l'abeille et se dispose
A l'écraser. Hélas ! lui dit avec douceur
L'insecte malheureux, pardonnez mon erreur.
La bouche de Chloé me semblait une rose,
Et j'ai cru... Ce seul mot à Chloé rend ses sens.
Faisons grâce, dit-elle à son aveu sincère :
D'ailleurs sa piqûre est légère ;
Depuis qu'elle te parle à peine je la sens.
Que ne fait-on passer avec un peu d'encens ?

LE BOUVREUIL ET LE CORBEAU.

Un bouvreuil, un corbeau, chacun dans une cage,
    Habitaient le même logis.
    L'un enchantait par son ramage
La femme, le mari, les gens, tout le ménage ;
L'autre les fatiguait sans cesse de ses cris ;
Il demandait du pain, du rôti, du fromage,
    Qu'on se pressait de lui porter,
    Afin qu'il voulût bien se taire.
Le timide bouvreuil ne faisait que chanter,
Et ne demandait rien : aussi, pour l'ordinaire,
    On l'oubliait; le pauvre oiseau
    Manquait souvent de grain et d'eau.
Ceux qui louaient le plus de son chant l'harmonie
    N'auraient pas fait le moindre pas
    Pour voir si l'auge était remplie.
Ils l'aimaient bien pourtant, mais ils n'y pensaient pas.
Un jour on le trouva mort de faim dans sa cage.
Ah ! quel malheur ! dit-on : las ! il chantait si bien !
De quoi donc est-il mort ? Certes, c'est grand dommage,
Le corbeau crie encore et ne manque de rien.

LES SINGES ET LE LÉOPARD.

Des singes dans un bois jouaient à la main chaude ;
  Certaine guenon mauricaude,
Assise gravement, tenait sur ses genoux
La tête de celui qui, courbant son échine,
  Sur sa main recevait les coups.
  On frappait fort, et puis devine !
Il ne devinait point ; c'étaient alors des ris,
  Des sauts, des gambades, des cris.
Attiré par le bruit du fond de sa tanière,
Un jeune léopard, prince assez débonnaire,
Se présente au milieu de nos singes joyeux.
Tout tremble à son aspect. Continuez vos jeux
Leur dit le léopard, je n'en veux à personne ;
  Rassurez-vous, j'ai l'âme bonne ;
Et je viens même ici, comme particulier,
  A vos plaisirs m'associer,
  Jouons, je suis de la partie.
  Ah ! monseigneur, quelle bonté !

Quoi ! Votre Altesse veut, quittant sa dignité,
Descendre jusqu'à nous ? — Oui, c'est ma fantaisie.
Mon altesse eut toujours de la philosophie,
    Et sait que tous les animaux
        Sont égaux.
Jouons donc, mes amis, jouons, je vous en prie.
Les singes enchantés crurent à ce discours,
    Comme l'on y croira toujours.
    Toute la troupe joviale
Se remet à jouer : l'un d'entre eux tend la main,
    Le léopard frappe, et soudain
On voit couler du sang sous la griffe royale.
Le singe cette fois devina qui frappait ;
    Mais il s'en alla sans le dire.
Ses compagnons faisaient semblant de rire,
    Et le léopard seul riait.
Bientôt chacun s'excuse et s'échappe à la hâte
    En se disant entre leurs dents :
    Ne jouons point avec les grands,
Le plus doux a toujours des griffes à la patte.

Paris. — Impr. J. MORONVAL, 65, rue Galande.

www.ingramcontent.com/pod-product-compliance
Lightning Source LLC
Chambersburg PA
CBHW061014050426
42453CB00009B/1434